Der gütige Gott
segne und
behüte dich!

Das wünscht dir

*deine Oma Wira*
*Elvira*

Dieses Buch gehört

_Jan Dolle_

Heidi Rose · Heidi Stump

# Jesus ist dir immer nah

Das Gebetbuch
zur Erstkommunion

BUTZON & BERCKER

# Zu diesem Buch

Jesus liebt dich, er ist immer für dich da. Deshalb darfst du mit ihm sprechen wie mit einem guten Freund. Ihm kannst du alles anvertrauen, was dich bewegt: deine Freude und deinen Dank, deine Sorgen und Bitten und deine Schuld.

Mit ihm sprechen kannst du eigentlich immer und überall, ohne nach „großen Worten" suchen zu müssen: Denn Gott versteht uns Menschen, er freut sich über unser Gebet.

Deshalb: Mach mit! Nimm dir jeden Tag etwas Zeit für ein Gebet. Du kannst alleine beten oder gemeinsam mit deiner Familie. Die Gebete in diesem Buch möchten dir dabei helfen.

Dann kannst du auch nach dem Festtag deiner Erstkommunion immer wieder spüren:
Jesus ist dir immer nah.

*Heidi Rose*

# Das bin ich!

Hier ist Platz für ein Foto
von dir an deinem Festtag!

# Danke für meine Erstkommunion

Guter Gott,
der Tag meiner Erstkommunion
war sehr schön.
Ich danke dir für alles:
für die festliche Feier in der Kirche,
für das gute Essen,
für die Glückwünsche und Geschenke,
für …

Hilf mir, dass ich mich immer wieder gerne
an diesen Tag erinnere.
Lass mich nicht vergessen,
dass du uns immer nah sein willst
durch Jesus, deinen Sohn.
Amen.

# Jesus begegnen

Jesus,
du machst uns glücklich,
weil du uns auf so vielen
Wegen begegnest.
Danke, dass du heute
in Brot und Wein bei uns bist.
Du begegnest uns in der Kommunion,
die wir mit unseren Eltern
und Freunden teilen.

Hilf uns,
dass wir dich bei jeder Begegnung
in der heiligen Kommunion
mehr kennenlernen und stärker lieben.
Amen.

*Von den Philippinen*

# Vater unser

Vater unser im Himmel,
geheiligt werde dein Name.
Dein Reich komme.
Dein Wille geschehe,
wie im Himmel,
so auf Erden.
Unser tägliches Brot gib uns heute.
Und vergib uns unsere Schuld,
wie auch wir vergeben unseren Schuldigern.
Und führe uns nicht in Versuchung,
sondern erlöse uns von dem Bösen.
Denn dein ist das Reich
und die Kraft
und die Herrlichkeit in Ewigkeit.
Amen.

# Gottes Liebe hört nie auf

Guter Gott,
ich darf darauf vertrauen,
dass du mir immer nahe bist,
unsichtbar und geheimnisvoll.
Alle Tage meines Lebens schenkst du mir
deine Liebe und Freundschaft.
Du begleitest mich. Du sorgst für mich.
Du beschützt mich.
Das macht mir Mut, das macht mich froh.
Herzlich danke ich dir dafür. Amen.


# Entdecke, was in dir steckt!

Du bist einmalig, einzigartig. Was du kannst, kann kein
anderes Mädchen, kein anderer Junge.
Entdecke, was alles in dir steckt! Gib nicht auf,
wenn's mal schwierig wird.

# Glaub an dich und entdecke deine Stärken!

# Der Herr ist mein Hirte

Du, Herr, bist mein Hirte.
Wie ein Schaf auf saftiger Weide
finde ich bei dir alles,
was ich zum Leben brauche.
Wo du mich hinführst, fließt frisches Wasser
und ich brauche keinen Durst zu leiden.
An deiner Quelle kann ich mich ausruhen.
Dort gibst du mir immer wieder Kraft.
Stets begleitest du mich
auf meinem Weg.
Du, Herr, bist mein Hirte.

Ich brauche keine Angst zu haben.
Selbst im dunkelsten Tal
kann mir nichts geschehen,
weil du bei mir bist und mir Mut machst.
Du deckst mir den Tisch
und füllst mir reichlich den Becher.
Du blickst mich gütig an
und hältst mir die Treue
alle Tage meines Lebens.
Bei dir, Herr,
darf ich zu Hause sein –
jetzt und immer.

*Nach Psalm 23*

# Danke für diesen Tag

Lieber Jesus,
lass mich heute
froh gelaunt und fröhlich sein
und leuchte du mit deiner Freude
mitten in mein Herz hinein.

*Überliefert*

Guter Gott,
wir danken dir für diesen Tag.
Wir freuen uns auf alles,
was wir heute erleben dürfen.
Bleibe in unserer Familie
und begleite uns mit deinem Segen.
Amen.

# Sei immer bei mir

Guter Jesus, sei immer bei mir.
Stell dich hinter mich,
geh mir voran und steh mir zur Seite.
Mach mir Mut und richte mich auf.
Halte deine Hand über mich
in Ruhe und Gefahr.
Du bist in den Herzen der Menschen,
die mich lieb haben.
Du sprichst zu mir durch Freunde und Bekannte.
Danke. Amen.

*Nach einem irischen Segen*

Wie in zwei großen Händen
hältst du mich.
Ich bin darin geborgen
wie ein Vogel im Nest.

*Nach Psalm 139*

Lieber Gott!
Behüte die Kinder in der Welt!
Behüte die Tiere auf dem Feld!
Behüte sie alle, Groß und Klein,
und lass sie ruhig schlafen ein.

*Überliefert*

# Lasst uns miteinander

T und M: überliefert

1. Lasst uns mit-ei-nan-der, lasst uns mit-ei-nan-der sin-gen, lo-ben, dan-ken dem Herrn!
2. Lasst es uns ge-mein-sam tun: sin-gen, lo-ben, dan-ken dem Herrn!
3. Sin-gen, lo-ben, dan-ken dem Herrn, sin-gen, lo-ben, dan-ken dem Herrn,
4. sin-gen, lo-ben, dan-ken dem Herrn, sin-gen, lo-ben, dan-ken dem Herrn!

# Vom Aufgang der Sonne

Vom Aufgang der Sonne
bis zu ihrem Niedergang,
sei gelobet der Name des Herrn,
sei gelobet der Name des Herrn.

*Psalm 113,3*

Dieses Lobgebet aus der Bibel kannst du alleine oder mit anderen mit deinem ganzen Körper beten.
Du stehst gerade, die Arme hängen nach unten.
„Vom Aufgang …": Die Arme langsam nach oben nehmen.
Sie zeigen den Aufgang der Sonne.
„… zu ihrem Niedergang": Die Arme langsam senken.
Sie zeigen den Untergang der Sonne.
„… sei gelobet der Name des Herrn": Mit nach oben gerichteten, geöffneten Handflächen die Arme langsam vor dem Körper nach oben heben. Dann langsam wieder senken und noch ein wenig still stehen.

# Wachsen wie ein guter Baum

Ein Baum ist schön und wie ein Zeichen.
Wir Menschen können Bäumen gleichen.
Die Wurzeln greifen tief nach innen,
um Halt im Erdreich zu gewinnen.
Sie trotzen jedem Wind und Wetter
und tragen Stamm, Geäst und Blätter.
Wenn wir miteinander verbunden leben,
dann können wir uns Halt und Stärke geben.
Ein Baum am Wasser kann gedeihen,
hat frisches, grünes Laub zum Freuen.
Er blüht und öffnet sich dem Lichte
und bringt zu seiner Zeit viel Früchte.
Wenn wir mit Gott verbunden leben,
wird er uns Frucht und Freude geben.
Ein Baum ist wie ein Zeichen.
Wir Menschen können Bäumen gleichen.

*Unbekannter Verfasser*

Gesegnet der Mensch,
der sich auf Gott verlässt.
Er ist wie ein Baum,
der am Wasser gepflanzt ist.

*Nach dem Buch Jeremia 17,7*

# Alle werden satt

*T und M: überliefert*

Guter Gott,
du schenkst uns,
was wir zum Leben brauchen:
unsere tägliche Nahrung,
Gemeinschaft und Liebe.
Dafür danken wir dir.
Segne uns und mach uns bereit,
das zu teilen, was wir empfangen. Amen.

Wir wollen danken für unser Brot,
wir wollen helfen in aller Not.
Wir wollen schaffen, die Kraft gibst du.
Wir wollen lieben, Herr, hilf dazu.

*Überliefert*

# Euer Festtagstisch

Eine gemeinsame Mahlzeit, zum Beispiel am Sonntag oder an Namens- oder Geburtstagen, kann durch einige Vorbereitungen festlich gestaltet werden:

* Die Osterkerze oder eine andere selbst verzierte Kerze wird in eine Schale mit Sand gestellt. In den feuchten Sand steckt ihr kleine Blumen.

* Ihr bastelt Blumen-Tischschmuck. Nehmt dazu Tonpapier in euren Lieblingsfarben.

* Wählt ein Tischgebet aus und schreibt es auf ein schön verziertes Blatt.

* Reicht einander beim Tischgebet die Hände.

# Ein festliches Essen

Guter Gott,
wir freuen uns,
dass wir an diesem
festlich gedeckten Tisch
miteinander feiern dürfen.

Wir danken dir,
dass wir zusammen sein können
und dass wir Zeit füreinander haben.
Das ist schön.

Lass uns jetzt Freude haben
miteinander und
an diesem guten Essen.
Amen.

# Der Tag geht zu Ende

Bleibe bei uns, Herr,
denn es will Abend werden,
und der Tag hat sich geneigt.
Bleibe bei uns mit deiner
Güte und Liebe. Amen.

Lieber Jesus,
du warst an diesem Tag wie ein guter Freund
an meiner Seite.
Ich danke dir für alles, was ich heute erlebt habe.
Verzeih, was nicht gut war.
Segne alle, denen ich begegnet bin.
Lass mich nun gut schlafen
und schenk mir
einen neuen guten Tag.
Amen.

# So war mein Tag

Wenn du abends im Bett liegst,
denk noch einmal nach:
Was habe ich heute erlebt?
Was war gut,
was hätte besser sein können?
Wofür möchte ich danken
oder um Verzeihung bitten?
Schließ deine Gedanken mit einem Gebet ab.

Gott, du hast heute mich bewacht.
Beschütze mich auch in dieser Nacht.
Du sorgst für alle, Groß und Klein,
drum schlaf ich ohne Sorgen ein.

*Überliefert*

# Still werden

Diese kleine Übung kannst du zum Beispiel vor dem Schlafengehen machen.
Setz oder leg dich bequem hin. Schließe die Augen und atme ruhig weiter. Stell dir ein Licht vor. Ein helles Licht. Ein warmes Licht. Es breitet sich in deinem Körper aus. In deinen Armen. In deinen Beinen. In deinem Herzen. In dir ist es ganz hell, ganz warm. Spürst du es?
„Jesus ist mein Licht, ich fürchte mich nicht."
Sprich diesen Satz nach, leise, nur für dich.
Du lässt dir noch etwas Zeit, dann öffnest du langsam wieder die Augen. Vielleicht sprichst du noch dieses kurze Gebet:
„Danke, Gott, dass du immer für mich da bist."

# Für meine Eltern

Guter Gott,
ich danke dir, dass ich Eltern habe,
die sich um mich sorgen.
Sie freuen sich mit mir, wenn ich glücklich bin.
Sie helfen mir, wenn ich Schwierigkeiten habe.
Sie trösten mich, wenn ich traurig bin.
Sie verzeihen mir, wenn ich einmal böse war.
Danke für meine Eltern und alle
Menschen, die mich lieb haben.
Segne uns alle. Amen.

# Einander segnen

Gott meint es gut mit uns. Das können wir einander zeigen: Am Morgen oder am Abend zeichnen die Eltern den Kindern oder die Kinder den Eltern ein Kreuzzeichen auf die Stirn oder wir schließen einander fest in die Arme.

# Gottes Engel behüten mich

Der Herr hat seinen Engeln befohlen,
dass sie dich behüten
auf allen Wegen,
dass sie dich auf Händen tragen
und du deinen Fuß
nicht an einen Stein stoßest.

*Psalm 91*

# Lieber Schutzengel

Lieber Schutzengel,
auch wenn ich dich nicht sehe,
so weiß ich, du bist bei mir allezeit,
vom Morgen bis zum Abend,
von Anfang bis in Ewigkeit.

Und wo ich auch bin,
ob im Schlaf oder im Wachsein,
ich bin nie allein.

Wie die Sterne am Himmel,
die am Tag unsichtbar sind
und in der Nacht so wunderschön
leuchten, so bist du bei mir
jeden Tag und heute Nacht.

*Susanne Mattis*

# Heiliger Schutzengel

Heiliger Schutzengel mein,
lass mich dir empfohlen sein.
In allen Nöten steh mir bei
und halte mich von Bösem frei!
An diesem Tag (In dieser Nacht), ich bitte dich,
beschütze und bewahre mich.

*Überliefert*

Lieber Gott,
schick mir einen Engel,
der mich schützt und behütet.

# Ich wünsche mir

Guter Engel,
ich wünsche mir Menschen,
die wie Engel sind:
Die mich mögen, so wie ich bin,
Die mit mir lachen und mich trösten.
Die für mich da sind,
wenn ich sie brauche.
Hilf mir, dass ich sie erkenne,
wenn ich ihnen begegne.
Lass auch mich versuchen,
für andere wie ein Engel zu sein.
Amen.

Wir können füreinander Engel sein,
auch wenn uns keine Flügel wachsen.

# Wir wollen Freunde sein

Herr, gib uns Augen,
die den Nachbarn sehn,

Ohren, die ihn hören
und ihn auch verstehn!

Hände, die es lernen,
wie man hilft und heilt,

Füße, die nicht zögern,
wenn die Hilfe eilt.

Herzen, die sich freuen,
wenn ein anderer lacht,

einen Mund, zu reden,
was ihn glücklich macht.

Dank für alle Gaben,
hilf uns wachsam sein!
Zeig uns, Herr, wir haben
nichts für uns allein.

*Aus Neuseeland*

# Gott baut ein Haus

Gott baut ein Haus, das lebt,
aus lauter bunten Steinen,
aus großen und aus kleinen,
eins, das lebendig ist.

Gott baut ein Haus, das lebt;
wir selber sind die Steine,
sind große und auch kleine,
du, ich und jeder Christ.

*Waltraud Osterlad*

# Jesus ist mitten unter uns

Lieber Jesus,
sei wie ein guter Freund
mitten unter uns.
Hilf uns, miteinander und füreinander zu leben.
Lass uns Frieden halten,
uns helfen und freundlich zueinander sein.
Sei wie ein guter Freund
mitten unter uns,
wenn wir miteinander beten
und Gottesdienst feiern.
Wenn wir dein Wort hören
und dein Brot miteinander teilen.
Bleibe in unserer Gemeinde
und bei allen Christen in der ganzen Welt.
Amen.

# Alles wird wieder gut

Guter Jesus,
sag Ja zu mir, wenn ich schuldig geworden bin.
Gib mir den Mut, zu meinen Fehlern zu stehen.
Mach mich bereit, um Verzeihung zu bitten.
Steh du zu mir, damit ich den Mut habe, Neues zu tun.
Wenn du Ja zu mir sagst, dann wird alles gut. Amen.

Regenbogen und Taube sind Zeichen
der Freundschaft, der Versöhnung
und des Friedens.
Lies dazu die Geschichte von Noah
und der Arche im ersten Buch der Bibel,
dem Buch Genesis 6,1–9,12.

# Maria, wir grüßen dich

Wir grüßen dich, Maria.
Dich hat Gott lieb,
dir hat er Jesus anvertraut.
Du kennst ihn besser
als irgendein anderer Mensch.
Du bist eine besondere Mutter.
Und du hast alle lieb,
die zu den Freunden deines Sohnes gehören.
Danke, dass du auch uns lieb hast.

*Eleonore Beck*

# Eine liebe Mutter

Liebe heilige Maria,
du bist die Mutter von Jesus.
Du hast deinen Sohn
sehr lieb gehabt.
Zusammen mit Josef hast du
jeden Tag für ihn gesorgt.
Du hast ihm Essen und
Kleidung gegeben.
Du hast mit ihm gespielt
und gelacht.
Du hast mit ihm gebetet.
Du warst eine liebe Mutter.
Ich möchte dir heute sagen,
dass ich auch eine liebe Mama habe.
Sie ist immer für mich da.
Sie hört mir zu und hat mich lieb.
Liebe Maria, ich danke dir und
Jesus für meine liebe Mama –
und auch für meinen Papa!
Amen.

## Quellennachweise

*Jesus begegnen:* aus: Unter einem Himmel, Kindergebete aus aller Welt, hrsg. von Klaus Vellguth, © 2000 Butzon & Bercker GmbH, Kevelaer, www.bube.de
*Bibeltexte:* Einheitsübersetzung der Heiligen Schrift, © 1980 Katholische Bibelanstalt, Stuttgart.
*Lieber Schutzengel:* © bei der Verfasserin
*Gott baut ein Haus:* © bei der Verfasserin
*Maria, wir grüßen dich:* aus: Eleonore Beck, So können Kinder beten, © 2001 Butzon & Bercker GmbH, Kevelaer, www.bube.de

**Bibliografische Information der Deutschen Nationalbibliothek**

Die Deutsche Nationalbibliothek verzeichnet diese Publikation in der Deutschen Nationalbibliografie; detaillierte bibliografische Daten sind im Internet über http://dnb.d-nb.de abrufbar.

Das Gesamtprogramm
von Butzon & Bercker
finden Sie im Internet unter
www.bube.de

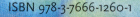

ISBN 978-3-7666-1260-1

© 2009 Butzon & Bercker GmbH, 47623 Kevelaer,
Deutschland
Alle Rechte vorbehalten
Umschlagillustration: Heidi Stump
Umschlaggestaltung: Elisabeth von der Heiden, Geldern
Satz: Kontrapunkt Satzstudio Bautzen